如诗如画的中国

洛阳

段张取艺——著绘

中信出版集团 | 北京

图书在版编目（CIP）数据

如诗如画的中国．洛阳／段张取艺著绘．－－北京：
中信出版社，2025.7．－－ISBN 978-7-5217-7293-7

Ⅰ．K209；K296.13-49

中国国家版本馆CIP数据核字第2024VG4015号

如诗如画的中国：洛阳

著　　绘：	段张取艺
出版发行：	中信出版集团股份有限公司
	（北京市朝阳区东三环北路27号嘉铭中心　邮编　100020）
承 印 者：	北京中科印刷有限公司
开　　本：	889mm×1194mm　1/12　　印　张：$4\frac{1}{3}$　　字　数：109千字
版　　次：	2025年7月第1版　　印　次：2025年7月第1次印刷
书　　号：	ISBN 978-7-5217-7293-7
定　　价：	40.00元

图书策划：原创绘本中心
总 策 划：赵媛媛　　　　策划编辑：张婷
责任编辑：王琳　　　　　营销编辑：李彤
装帧设计：刘潇然　　　　内文排版：李艳芝

版权所有·侵权必究
如有印刷、装订问题，本公司负责调换。
服务热线：400-600-8099
投稿邮箱：author@citicpub.com

前言

在漫漫历史长河中，并非只有帝王将相的权谋较量、沙场征伐的血色往事，还有一砖一瓦堆砌出的市井烟火，一街一巷铭刻下的历史文化。这，便是我们渴望诉说的故事——以城市为核心，回溯千年历史风华。我们的笔触不停留在庙堂之高，也不局限于沙场之远，而是聚焦于交错纵横的街道、古朴厚重的砖瓦，以及人潮熙攘的市井。

洛河蜿蜒三千年，这里是华夏文明的重要发源地之一。周公在这里制定礼乐，奠定了中国的文化根基；曹植写下《洛神赋》，让建安文学在洛水河畔绽放异彩；隋唐时期，洛阳的丝路驼铃，见证这座国际都市的繁华；龙门石窟的匠人们以凿刀为笔，在峭壁间雕琢出千年不朽的佛国世界；国色天香的牡丹名动京城，更是为洛阳凝聚出千年的风雅文心。

应天门矗立千载，此刻，立于丹墀上极目远眺，十三朝烟云深处的洛阳，"文明之源""礼乐之始"的气韵仍在。它就像龙门石窟永不褪色的斧凿纹路，始终镌刻着华夏文明的刻度，见证洛阳的沧桑与永恒。

城市的故事如诗，城市的变化如画。每一座城市都是一部活着的史书，与其让孩子背诵年代事件，不如带他们走进城市，感受城墙砖石中的历史温度。当年轻一代既懂得欣赏飞檐翘角的曲线之美，也能在现代都市中延续传统智慧时，中华文明的根系才能在新时代始终焕发新生。

张卓明

2025 年 4 月

洛阳，是我国八大古都之一，自古以来就有"天下之中"的称号，历史上有十三个正统王朝先后在这里建都。"若问古今兴废事，请君只看洛阳城"，十三朝的兴衰沉浮，铭刻在洛阳的每一个角落，见证着中华文明的延续。

斟鄩

西亳

夏朝王都：夏王太康在洛水北岸、邙山之南建都斟鄩，这是洛阳史上记载的第一个古都。

商朝都城：商朝建立后曾多次迁都，也在离夏都不远的地方建立都城，这是洛阳历史上第二个古都。

西京

东都

唐朝皇都：唐承隋制，将洛阳定为东都，但性质为陪都。武则天时期，洛阳成为帝国政治中心，一度有了"神都"的称号。

洛阳

北宋陪都：北宋时期，洛阳被定为陪都，改称"西京"，西京是当时的学术中心。

元明清府治：元代开始，洛阳为河南府治所。明清时期，洛阳书院众多，文脉仍在。

洛阳城变迁简史

洛邑

周朝都城： 公元前1046年至公元前256年。周朝在洛水河畔营建王都，此后近八百年，洛邑都是周朝在中原的政治中心。

洛阳

秦汉郡县治所： 秦代洛阳降为县，为三川郡治。西汉改为河南郡治。战国至西汉时是全国性商业都市之一。

洛阳

东汉国都： 东汉定都洛阳，因洛阳在西汉国都长安的东面，一般称为"东都"。洛阳城市宏伟，商业繁荣，还是一个文化氛围浓厚的书香之城。

洛京

魏晋南北朝多个政权中心： 中国进入分裂割据时代，多个政权中心皆定都洛阳，习称洛京。该城市规模进一步拓展，到北魏迁都后上升为国际性的大都会。

洛阳

现代地级市： 作为河南省的副中心城市，是首批入选的国家级历史文化名城之一，拥有众多文化遗产，是全国知名的旅游城市。

周朝
洛邑

在黄河的中游,有一个洛阳盆地,这里北依邙山,南临洛水,是华夏文明的发源地之一。西周时期,周公认为此处为天下的中心,在这里建立国都。从此,洛阳"天下之中"的地位确立。

诗经·周南·关雎

关关雎鸠，在河之洲。窈窕淑女，君子好逑。

参差荇菜，左右流之。窈窕淑女，寤寐求之。
求之不得，寤寐思服。悠哉悠哉，辗转反侧！

参差荇菜，左右采之。窈窕淑女，琴瑟友之。
参差荇菜，左右芼之。窈窕淑女，钟鼓乐之。

周南的名字有很多说法，有认为是地名，大致包括洛阳以南的河南、湖北地区。《关雎》描述了洛河边，一名"君子"思慕并想象追求"淑女"的美好场景。这是《诗经》中的第一首诗，在恬静的洛阳河畔，拉开了序幕。

奴隶制鼎盛时期的新都

洛阳作为都城的历史可以追溯到上古时期。夏王太康时,迁都于斟鄩(现在的洛阳二里头)。商灭了夏后,又在斟鄩附近建了"亳"(二里头遗址东北约6千米),后称"西亳"。公元前1046年,周朝首领打败商,为了稳定东方局势,决定营建新都洛邑,洛阳终于迎来了它崛起的重要时期。

半途终止的"九鼎"

周灭商以后,随着领土面积越来越大,原来的都城镐京(在今西安)有点儿偏了。夏商时期的旧都城在中原,那里四通八达,位置超好!周武王一看,觉得这儿不错,决定把象征王权的九鼎搬过来,准备在这儿建新都。可惜,新都城还没开始建,周武王就病死了。

洛水:今称洛河。洛阳因位于洛水北面而得名。

周成王:姓姬,名诵,西周第二任君主。

周公旦:姓姬,名旦,成王即位初期年幼,由他摄政。

历史小趣闻

据说大禹建立夏朝,将天下分为九州,每州各铸一鼎,从此九鼎成为夏商周三朝的国宝,也成为国家的标志和王权的象征。战国时期,毛遂自荐说服楚王援兵,逐渐演变出成语"一言九鼎"。

西都、东都的奇妙组合

周武王去世后，他的儿子周成王和弟弟周公旦接过了建造新都的任务。他们在洛水河边建起了一座崭新的都城。西周的国土面积太大了，为了方便管理，便设立"两都制"。西边的镐京和东边的洛邑，两座都城一起发挥作用。周成王坐镇西都镐京，周公旦则在东都洛邑监国，共同守护西周的土地。

历史小百科

营建新都时周王朝发生内乱，据说等到新都建成之际，周王朝的统治也终于稳定，为此周公也将洛邑叫作"成周"，意为"周朝的统治已经成功"。洛邑营建的过程被刻在何尊上，何尊底部的铭文"宅兹中国"，是"中国"一词的最早记载。

明堂：周天子祭祀先祖、接受诸侯朝见的重要场所。

成为文明的中心

随着历代的不断经营,洛阳越来越繁华。自周平王东迁到洛邑后,东周有500多年都以洛阳为国都。洛阳不仅是政治中心,更成了文化的摇篮,也是礼乐文化的发源地之一。礼乐文化像一条绵延不绝的河流,滋养了后世几千年。

礼乐文明从这里形成

周朝实行分封制,把国土分给了诸侯王。为了维护天子的威严和国家的秩序,周公旦在洛邑又做了一件大事——创立了礼乐制度!他用礼仪规范行为,用音乐舞蹈教化人心,让音乐和礼仪成为人们生活的一部分,使人们自然而然守规矩。礼乐文明是中华古代文明的重要组成部分。

编钟:兴起于周朝的大型打击乐器。

历史小百科

周公制定了吉、凶、军、宾、嘉"五礼",即祭祀、丧葬、军旅、盟会、婚冠等礼仪,不同礼仪搭配不同乐舞。除此之外,他还废除了商朝杀人祭祀的旧习,用礼仪教化人们克制欲望、敬老爱幼。

周天子的"豪华车队"

周公制定的礼乐制度还表现在贵族出行上。按照规定，士大夫只能乘坐两匹马拉的车，诸侯乘坐四匹马拉的车，而周天子能享受六匹马拉的车出行的待遇。

历史小趣闻

"天子驾六"的说法在历史上一直存疑，直到2002年洛阳东周王城广场发现大型车马坑，以实物形式印证了"天子驾六"的记载，结束了历史存疑的说法。

春秋时期，周天子逐渐失去对诸侯国的控制，诸侯各自为政，"礼崩乐坏"时代到来。公元前221年，秦王嬴政灭六国，统一天下，中国正式进入封建时代，洛阳作为都城的历史暂告一段落。

整齐划一的舞蹈和肃穆的音乐能够颂扬功德，显示威仪。

东汉—北魏
洛阳·洛京

东汉时期的洛阳是一个耀眼的存在，它是当时的政治中心，之后魏晋南北朝多个政权在此建都，见证了政治风云变化与王朝更迭。经济上极为繁荣，是北方的商业和手工业中心。城市规模宏大，人口密集。文化方面更是璀璨夺目，太学兴盛，人才辈出。

洛神赋（节选）

[三国·魏]曹植

翩若惊鸿，婉若游龙。荣曜秋菊，华茂春松。仿佛兮若轻云之蔽月，飘飖兮若流风之回雪。远而望之，皎若太阳升朝霞；迫而察之，灼若芙蕖出渌波。

这首辞赋是才子曹植从洛阳返回封地，途经洛水有感而作，描写了与洛神相遇、相知、相别的过程。洛神即洛水女神，相传为远古时代伏羲氏的女儿，因溺死于洛水而成为水神。

开启了都城新篇章

刘秀建立东汉王朝，定都洛阳。他在周朝洛邑的基础上进行了大改造！新的都城规模超大，皇宫、官署、民宅、街市密密麻麻布满了整个京城。洛阳一下子从"老城"变成了"新城"，成了东汉最闪亮的政治中心！

刘秀： 东汉开国皇帝，史称光武帝。

张纯： 东汉名臣。

建都长安还是洛阳

在建国之初，大家为定都长安还是洛阳争论得热火朝天。杜笃写了《论都赋》，代表西汉旧臣表达了希望国都回迁长安的心声；傅毅和班固不甘示弱，分别写了《洛都赋》和《两都赋》，展现出洛阳作为都城的壮丽和繁荣。最后，刘秀大手一挥："就洛阳了！"洛阳从此做了165年的都城。

打造"超级运输网"

俗话说"要想富，先修路"。东汉初年，洛阳城河道泥沙堆积，运粮食的船根本开不进来。这可万万不行！于是，刘秀派大臣张纯开凿阳渠，把洛阳和中原的水道连成了一条通畅的运输网。从此，各地的物资可以顺着水路运到洛阳，城里的百姓喝水、用水也方便多了。

阳渠： 汉魏洛阳城对外通航的人工运河和供水通道。

漕运： 古代从水道运输粮食，供应京城或者其他指定地点的一种运输方式。

石硪： 石头做成的夯土工具，形状似圆盘，底部周围系着几根绳子。使用时将石头高高拉起，重重落下，借助自由落体将土夯实。

历史小百科

古人利用黄河进行漕运，将物资和粮食运送至沿河两岸的城镇，黄河栈道为纤夫拉纤提供了通道；遇上不好的天气或其他情况，就需要用黄河栈道运输。黄河栈道上最早的题记为"建武十一年"，即汉光武帝刘秀时期修建。

商贾云集的洛京

洛阳地处天下之中,四方物产都要先到这里积聚再分流,因此,商业中心也由长安转到了洛阳。东汉时期,洛阳成了全国最大的商业都市。

重新打通丝绸之路

西汉末年,匈奴重新控制西域地区,阻断了丝绸之路。东汉初年,班超自请出使西域,重新恢复了汉朝与西域各国之间的联系。自此,丝绸之路恢复,洛阳商业走向了国际化。

旗亭:守望、管理集市的处所,有专门官吏监督贸易。

历史小趣闻

班超三兄妹都很有文化,哥哥班固编定《汉书》,妹妹班昭是著名女学者。班超41岁弃笔从戎,率领36人出使西域,使50多个国家臣服于汉,成为汉代"最强外交官"。

汉代洛阳富商众多,连家里的婢妾都穿着绣衣丝履。

满城都是生意人

从战国以来，洛阳人就喜欢做生意，到汉代，洛阳的经商之风更加盛行。洛阳有旧俗称洛阳人"喜为商贾，不好仕官"。当时的洛阳城中，商人的数量已是农夫的 10 倍，他们拥有的财富不计其数。

科技文化"大爆炸"

东汉初立,刘秀就开始抓教育建设,皇宫都没建好就开始修学校。也正是在他的影响下,蔡伦改进造纸术,张衡创制出地动仪。这座古都,用学堂、发明书写了中国文化史的重要篇章。

热闹的城南文化天地

刘秀在洛阳城南建了一座超大的太学,汉桓帝时,太学生达三万多名!学子们聚在一起讨论学问,连街边的茶馆都挂满了写满字的竹简。这里的文化氛围甚至吸引皇帝也常偷偷跑来听课,和大伙儿一起辩论经书,城南这条街成了东汉最有文化底蕴的地方。

太学:中国古代的国立最高学府。

蔡伦:改进了造纸术,纸开始广泛使用。

历史小百科

西晋时期洛阳有一个名叫左思的书生,花了十年写成了一篇名垂千古的文章《三都赋》。当时洛阳豪门贵族争相传抄这篇文章,洛阳的书纸都因此涨价了。后来人们便以"洛阳纸贵"来形容某个作品广泛流传。

出了好多名家

魏晋时期战乱不休，但文化的传承却不曾断裂。文人墨客经常齐聚洛阳，游宴聚会，饮酒赋诗，洛阳成为当时的文化中心。

东汉游学之风盛行，学子们离开家乡，到各地寻师访友。

北魏迁都洛阳

两晋灭亡后，北方陷入了长达百年的混战。其中鲜卑族在角逐中脱颖而出，建立北魏并统一北方。随着北魏日渐强盛，地处边陲的国都平城（今山西大同）已经难以匹配发展需求，于是，北魏孝文帝拓跋宏果断迁都洛阳，这座古都因此成为民族交融的重要舞台。

为了迁都演了一场戏

孝文帝担心鲜卑贵族不愿离开故土，就说要带兵讨伐南朝，让大家做好准备。他带着大军南下，当时正值秋雨连绵，道路泥泞，行军十分艰难。行至洛阳，群臣纷纷劝阻继续南伐。于是他借机表示，南征不能半途而废，如不南征，那就把都城迁到洛阳。满朝啼笑皆非，不过想到可以免去征伐之苦，也就都同意了。

历史小百科

鲜卑人来到洛阳时，经过长期战乱的王城早已衰败。在这样的背景下，北魏王朝最终将其扩展为中国古代史上面积最大的京城之一，其中消耗了难以想象的人力和财力。

进入民族大交融时代

鲜卑族来到洛阳，实行了主动融入汉族的策略，北方各民族不同的血脉和文化得以在洛阳交融。北魏王朝还广开国门，接纳来自天下各方的外国归顺者，各种异域风俗也进入了这座城市，洛阳城呈现出别具一格的多元文化交融的氛围。

历史小百科

为融入汉文化圈，孝文帝将鲜卑姓氏改为汉姓，鼓励大家说汉语，穿汉服，学习汉族礼仪，并鼓励两族通婚联姻。他的改革促进了北方各民族的交融。

神佛遍地的城市

魏孝文帝即位后大兴佛法，王公贵族在洛阳到处造像修寺，劳民伤财，但也为后世留下众多宝贵的艺术遗产。

千余座寺院

孝文帝时期，洛阳城内外有多达1367所佛寺。其中，永宁寺在当时的佛教建筑中具有极高的地位和规模。北魏官员杨衒（xuàn）之写了一本《洛阳伽蓝记》，记录了当时洛阳佛寺园林的情形。

永宁佛塔：当时规模最大、最宏伟的佛寺建筑之一。

行像：佛诞节当天用宝车载着佛像巡街的仪式。

历史小百科

佛教初传中国，洛阳佛寺在建筑布局上模仿天竺佛寺的形式，是以佛塔为中心，周围围绕僧房的格局，适合僧人修行和举行简单的宗教仪式。南北朝时期，立有佛像的中式佛殿开始与佛塔并重，统治者积极参与佛教活动。佛殿作为讲经说法、举行各种法会的场所，其重要性日益凸显。

全城为佛祖庆生

这些大型寺院通常建有精致的园林，民间百姓都喜爱去佛寺游玩。寺庙也经常举办宗教活动，往往伴有民族歌舞，甚至幻术表演。每年四月初八的佛诞节，洛阳城的庆祝活动十分盛大，皇帝百姓都会参与其中。

历史小百科

北魏中后期，洛阳佛寺大量增多，其中很多佛寺是由官员将私人住宅改建后供僧人居住的园林，这种现象被称为"舍宅为寺"。

北魏后期，皇族逐渐奢靡腐朽，政治也相继败坏，官员贪污受贿盛行，北方很快进入混乱的分裂时代。洛阳也在这样的历史背景中继续前行。

隋唐
东都

从隋朝开始,天下又从分裂走向统一。为了适应经济重心向江南移动的趋势,隋炀帝决定营建洛阳城,他下令修建运河连通南北,使洛阳成为南北交通的枢纽,由此开启了洛阳的繁华之路。唐代继承了隋朝的制度,将洛阳作为东都,武周时期,洛阳更是成为政治地位特殊的"神都",洛阳文化昌盛,才人聚集,还是丝绸之路的东方起点,几乎与大唐同步进入了鼎盛时期。

夜游

[唐] 沈佺期

今夕重门启,游春得夜芳。月华连昼色,灯影杂星光。南陌青丝骑,东邻红粉妆。管弦遥辨曲,罗绮暗闻香。人拥行歌路,车攒斗舞场。经过犹未已,钟鼓出长杨。

这首诗描写了唐代正月十五上元之夜洛阳城中的人们外出游春,踏月赏灯的盛况。上元节,官府会取消夜禁,街上人声鼎沸,车马不息,宫内外都会竖起灯楼,灯火通明,直到日出。

皇帝的后备都城

隋朝开国定都长安，然而经过魏晋南北朝的大动乱，大量人口从中原南迁，原本荒芜的江南地区由此逐步兴起，全国的经济中心已经开始向南方移动。为了适应这种变化，隋炀帝即位以后，决定营建更加靠近江南的洛阳，使洛阳成为隋朝重要的政治、经济中心。

运河"搬"来的繁华城

隋炀帝在汉魏洛阳城旁建了一座新城，还下令开凿了一条贯穿南北的大运河！运河一开通，江南的稻米、北方的毛皮，流水一样进入洛阳城。全城的仓库堆得满满当当，连街边小贩都卖着天南海北的稀奇货。洛阳一下子成了全国最热闹的"物资大本营"。

通济渠：大运河的首段，连接黄河与淮河。

运米丁：负责漕粮运输的成年男子。

历史小百科

隋炀帝时期利用旧河道凿通的运河有四段，一为通济渠，二为邗沟，三为永济渠，四为江南河。大运河连通了黄河、海河、淮河、长江和钱塘江五大河流，成为南北交通大动脉。

不愁吃的好地方

隋炀帝在洛阳附近修建了很多粮仓，主要储存粮食等物资。洛阳内城有一座含嘉仓，里面大概有400多座粮窖，几乎是一座小城的规模。

含嘉仓： 总面积约有45万平方米，400多座粮窖。

历史小百科

隋唐时期，关中地区作为政治重心，吸引大量人口聚集，导致人口激增。关中地区粮食产量难以满足人口增长带来的需求。当时的水利漕运通道不畅。饥荒时连皇帝都要带着大臣到洛阳"就食"。

光辉的大唐东都

唐朝时,都城定在了长安,不过高宗时期,武则天钟情洛阳。因此,高宗时期,洛阳成了名副其实的东都,女皇武则天登基以后,更是将洛阳作为政治中心,并赋予它"神都"的称号。

头顶凤凰的神宫

武则天当皇帝后,改洛阳"东都"为"神都",把洛阳当作自己的"专属舞台"。她拆掉旧宫殿,建起一片闪闪发光的新宫殿群,其中最威风的是明堂。这里是她举办大典的宫殿,屋顶上立着一只金凤凰,就像武则天本人一样傲视天下,来彰显自己作为女皇帝的权威和统治地位。据说连天上的云彩路过这里,都要绕着金凤凰飞三圈。

武则天:姓武,名曌,中国历史上唯一的女皇帝。

全新的城市面貌

武则天还给洛阳来了个"大升级",建造了天枢,重建天津桥。30余米高的天枢立于端门之外,以记载武则天的功业。横跨洛河的天津桥上骆驼商队络绎不绝。同时她还把十万户工匠、商人迁到洛阳,满街都是丝绸坊、胡人香料店,连空气都飘着金银味!神都成了唐朝最耀眼的"黄金城"。

历史小趣闻

据《旧唐书》记载,武则天曾在洛阳宫城前设置四个铜匦(金属匣子),分别用于接受臣民的谏言、献策、申冤和举报。据说凡是来投文书的人,都享有免费驿马,以便其能更便捷地达到京城。

丝绸之路的起点

西汉张骞从长安出发出使西域，游说各国，建立了一条连接中原与西域各国的丝绸之路，后来这条丝路一度被荒废。东汉时期，班超再次打通了这条商路，并将丝路连到了当时的都城洛阳。到了唐代，中西交流更加频繁，洛阳交通发达，工商业集中，渐渐成了丝绸之路东端的起点站。

丝路运河的"中转站"

丝绸之路与大运河在洛阳相交。南方的丝、茶和瓷器由大运河运到洛阳，再沿着丝绸之路前往西域各国；而西方的香料、玻璃制品和奇珍异兽也沿着这条商路被运到洛阳，再随着运河到达江南。

西域骆驼商队背着丝卷绸布前来洛阳交易。

胡饼：西域传入的面饼，在洛阳十分流行。

唐三彩的故乡

唐代是陶瓷工艺飞跃发展的时代，其中有一种名闻天下的陶瓷就产自洛阳，因为陶器表面往往呈现三种釉色，所以人们把它叫作唐三彩。在当时，唐三彩和丝绸都是丝路上的奢侈品，常常作为礼物送给各国贵族。

历史小百科

在国内，唐三彩这种陶瓷主要是作为陪葬品使用，很少被作为生活用具。在海外，唐三彩则是作为珍品收藏，遍布世界各地，甚至不少国家还进行过仿制。

洛阳水席：其菜肴制作工艺最早可以远溯至东周时期，筵席组合形式则可以上溯到唐代。全席以汤菜为主，寓意"流水不断"。

举世闻名的龙门石窟

石窟被誉为"立体的佛经",它和佛教一样起源于古印度,人们在悬崖峭壁凿出石洞,雕刻佛像来传播信仰。北魏时期,洛阳龙门已经开始大规模建造石窟。到了唐代,龙门石窟迎来最辉煌的时期,成为佛教艺术的巅峰之作。

唐代的花式造像

洛阳的龙门石窟就开凿在城南伊河边的山崖上,这可是唐朝的"热门景点"。上到皇帝妃子,下到普通百姓都跑来这里造像,有的是为了纪念家人,有的是为了表达老百姓对官员的感激,女皇武则天甚至说自己是"弥勒佛转世",刻了一大堆自己的佛像!龙门石窟成为世界上造像最多、规模最大的石刻艺术宝库之一。

伊阙:香山和西山对立,伊河从中间流过,像一道天然门阙。隋炀帝定都洛阳后,因皇宫大门正对伊阙,所以也叫龙门。

西山:也叫龙门山。

历史小趣闻

传说西山和香山本是连在一起的。大禹时,伊水被堵得没法流出,于是大禹把山切成两半。东边因武则天建香山寺得名"香山",西边成了"龙门山"。大禹开凿后,水流湍急,鲤鱼在水中翻腾,"鱼跃龙门"的故事就此诞生。

历史小百科

石窟的盛行期是北魏至唐,宋元以后基本没有开凿。龙门石窟现有编号窟龛 2345 个,30% 是北魏作品,剩下的多为唐代作品。

大佛的原型是武则天

龙门石窟的奉先寺内,工匠们花费毕生精力建造了一座高达 17 米的大卢舍那佛。据说这是以女皇武则天为原型设计的,它不像北魏佛像那么威严,而是更加女性化、丰腴秀美,显示出大唐盛世的包容与自信。

洛阳春日最繁华

"洛阳春日最繁华，红绿阴中十万家。谁道群花如锦绣，人将锦绣学群花。"清明前后，万物生长，洛阳春意正浓，园林街市挤满了出游的人们，到处都是生机盎然的景象。

旧火换新 放七天假

寒食节期间要禁火吃冷食，到了清明就要重新取新火，皇帝会派宦官到百官家中赐火以示恩典。唐朝寒食节连着清明，往往算在一起放假，那时的官员在清明最多有七天的假期。

拔河：清明习俗之一，唐朝时，拔河最多有上千人参加。

斗鸡：唐代全民流行，据说玄宗最爱斗鸡。

花样过春天

清明时节,除了祭祖以外,人们还会踏青游玩,举行各种各样的运动比赛。文人也喜欢在春天雅集聚会,临水赋诗。

风筝:也叫作纸鸢。

历史小百科

在古代,春天有三个节日,时间相近,分别为上巳节(三月三日)、寒食节(冬至后一百零五日)和清明(春分后十五日)。唐宋时期的诗文中,这三个节日经常被并提。宋代以后,上巳节、寒食节渐渐被清明节吸收取代,成为一个综合性的春日大节。

战火焚尽的神都

然而，安史之乱的战火打破了盛唐的繁华美梦。公元755年，安禄山起兵范阳，爆发安史之乱，这场持续八年的动乱不仅让唐王朝由盛转衰，更使洛阳这座古都遭受空前浩劫。

安史之乱的战场

安禄山很快攻陷洛阳，第二年在洛阳称帝，并且大肆烧杀抢掠。757年，唐将郭子仪收复了洛阳，但洛阳城已经遭到巨大的破坏，曾经热闹的街道变成了废墟，方圆几百里都找不到几户人家。经历安史之乱，大唐就此由盛转衰了。

杜甫： 唐代著名诗人，"诗圣"，少时在洛阳长大。

历史小百科

安史之乱结束时，诗人杜甫特意写下《闻官军收河南河北》："白日放歌须纵酒，青春作伴好还乡。即从巴峡穿巫峡，便下襄阳向洛阳。"表达了作者的喜悦和急于回到家乡的迫切心情。

大唐最后的首都

公元904年，宣武节度使朱温火烧长安宫殿，挟持唐昭宗迁都洛阳，结束了长安作为首都的历史，洛阳成了唐朝最后的首都。907年，朱温篡位，建立后梁，大唐帝国在洛阳走到尽头。

大唐陨落，中国再次进入分裂割据的时代，北方走马灯一般在五十多年间更替了五代，南方则散为十国。这期间，洛阳曾短暂作为北方割据政权的都城，但始终无法再现大唐神都的繁华。

宋—清
西京·洛阳

北宋时,洛阳改名西京,它虽不再是政治中心,却成了做学问的好地方。城里园林精致,牡丹遍地,吸引了很多有名的学者、文人前来,洛阳成了北宋的文化圣地。而元代以后,朝廷修京杭大运河,不再经过洛阳,洛阳于是慢慢变成一座安静的中原古城。

玉楼春

〔宋〕欧阳修

洛阳正值芳菲节，秾艳清香相间发。
游丝有意苦相萦，垂柳无端争赠别。
杏花红处青山缺，山畔行人山下歇。
今宵谁肯远相随，唯有寂寥孤馆月。

北宋时期洛阳成为陪都，风光秀丽，文气尚在。许多名臣从朝中被贬之后都曾在洛阳偏安休养。欧阳修也是如此，在洛阳期间，他写了很多清秀生动的诗词，这首词便是其一，描写了春日送别好友的情景。

文脉绵延的学术圣地

北宋以开封为都城,同时把西京定为陪都。西京虽然不如唐朝时热闹,依然是个大城市。最重要的是,西京保留着多个朝代积淀的文化底蕴,成为当时的学术中心。

洛阳牡丹甲天下

北宋时期洛阳名园盛丽,美名远扬。园中往往花木繁多,其中当数牡丹最为耀眼。唐以来,世人钟爱牡丹,到北宋达到顶峰,洛阳牡丹闻名天下。当时的洛阳太守曾举办过"万花会",声势浩大,连外郡的人都不远千里慕名来此观赏牡丹。

姚黄:牡丹中的珍稀品种,被誉为花王。

魏紫:花瓣层叠,色泽深紫,有"花后"之称。

历史小百科

北宋时期，洛阳盛行建造园林。当时的名臣李格非游玩洛阳十九处名园，撰成《洛阳名园记》，以清秀的文笔记述了当时洛阳园囿的盛貌。

钱惟演：北宋诗人。与杨亿、刘筠等诗歌唱和，结集为《西昆酬唱集》。

鸿儒汇聚的文化之都

西京风光秀丽，园林雅致，得到许多文人学士的偏爱，在这里，理学得到了很大发展。元明清三朝，随着中国政治、经济中心的转移，洛阳为河南府治所，然而千年古都的遗风依然长久保留在这座古城的风物人情之中。

程门立雪的千年佳话

理学是中国古代研究宇宙和人生道理的哲学。北宋时，程颢和程颐是著名的理学家，他们在伊川书院讲学。一天，学生杨时和游酢冒雪去请教程颐。到书院时，老师正静坐小睡，他们不忍打扰，就站在门外等。雪越下越大，等程颐发现他们时，雪已积了一尺多深。这就是"程门立雪"的故事。

伊川书院：原名伊皋书院，位于伊水河畔，是中原三大书院之一。

程颐：北宋理学家，伊川书院创建人之一。

程颢：北宋理学家，与弟弟程颐并称"二程"。

杨时：北宋理学家。

游酢：北宋理学家。

历史小百科

北宋理学大家程颐、程颢、邵雍，文学家欧阳修，史学家司马光等都曾长期居住在洛阳，二程理学学派还因此被称作"洛学"。司马光的《资治通鉴》也是在洛阳写成的。

蔚为奇观的白马寺钟声

洛阳白马寺被认为是中国佛教的发源地，相传始建于东汉，是佛教传入中国内地后兴建的第一座佛寺。明清两代，白马寺经历了多次修葺，屹立中原，香火不绝。每逢白马寺僧人撞钟，几十公里外的洛阳城钟楼上的大钟便与之和鸣，成为"洛阳八景"之一。

历史小趣闻

据说东汉皇帝刘庄梦见了佛祖，便派使者到西方去求佛。使者请回了天竺的高僧，他们的白马驮着佛经和佛像一起来到了洛阳。皇帝非常高兴，为他们建造了一座僧院，并将其命名为白马寺。

洛阳剪纸：河南省非物质文化遗产，节日时贴在窗户、门楣上用于装饰。

洛阳虽然不再是中国的政治中心，但是千年古都的底蕴和中原的农耕文化一直滋养着这座城市。明清时期，各式各样的民间艺术在洛阳兴起，河洛大鼓、洛阳曲子、剪纸艺术……形成了独特的中原风俗文化。

现代 洛阳

清末列强入侵，民国军阀混战，抗战时期日军轰炸，使得近代的洛阳历经沧桑，这座千年古城几经破坏，几乎沦为废墟。

新中国成立后，洛阳一边发展工业，一边小心翼翼地保护文化遗产。现在，白马寺的钟声年年迎新，谷雨过后牡丹依旧盛开。博物馆游人如织，唐朝宫阙盛景重现。洛阳如一名优雅的中原女子，在摩登时代依然散发着古典气质，展现独特魅力。

43

洛阳的城阙

"城阙天中近，蓬瀛海上遥。""城阙"指城门两边的望楼，也被用作都城的代称。城阙既有军事功能，又有礼制象征意义。考古发现，洛阳应天门的阙台形制很好地展示出了中国古代城阙的特色。

1 阙是中国古代重要的建筑形式，通常是大门口左右两边的夯土高台，台上建有楼观。在早期人类聚居时期，部落门口可能建有一座用于防卫的瞭望楼，这就是阙的雏形。

2 城池出现以后，阙与城墙、门楼等城防结构相结合，成了突出于城门两边的高台和望楼，也就形成了城阙。

3 阙建在宫城门口即为宫阙，建在陵墓门口即为墓阙。从周代开始，阙的形制就有等级之分，汉唐以来更加明确和细化。阙分三等，一般官吏只能用单阙，诸侯可以用二出阙，帝王则用三出阙。

4 战时城阙肩负重要的防卫任务，普通百姓是不能登上城楼的。和平时期，城阙依然布有守卫，但百姓可以上城阙登观望远。城门是百姓日常进出城市的通道和聚集关口，因此官府也常常把公告挂在城两边的阙上。宫阙也是天子昭示敕令之处。

唐代应天门

应天门始建于隋朝，兴于唐代。门楼、垛楼与阙台以廊庑相连，共有楼观五座，形如翼翅，像五只凤凰，因此也被称作"五凤楼"。

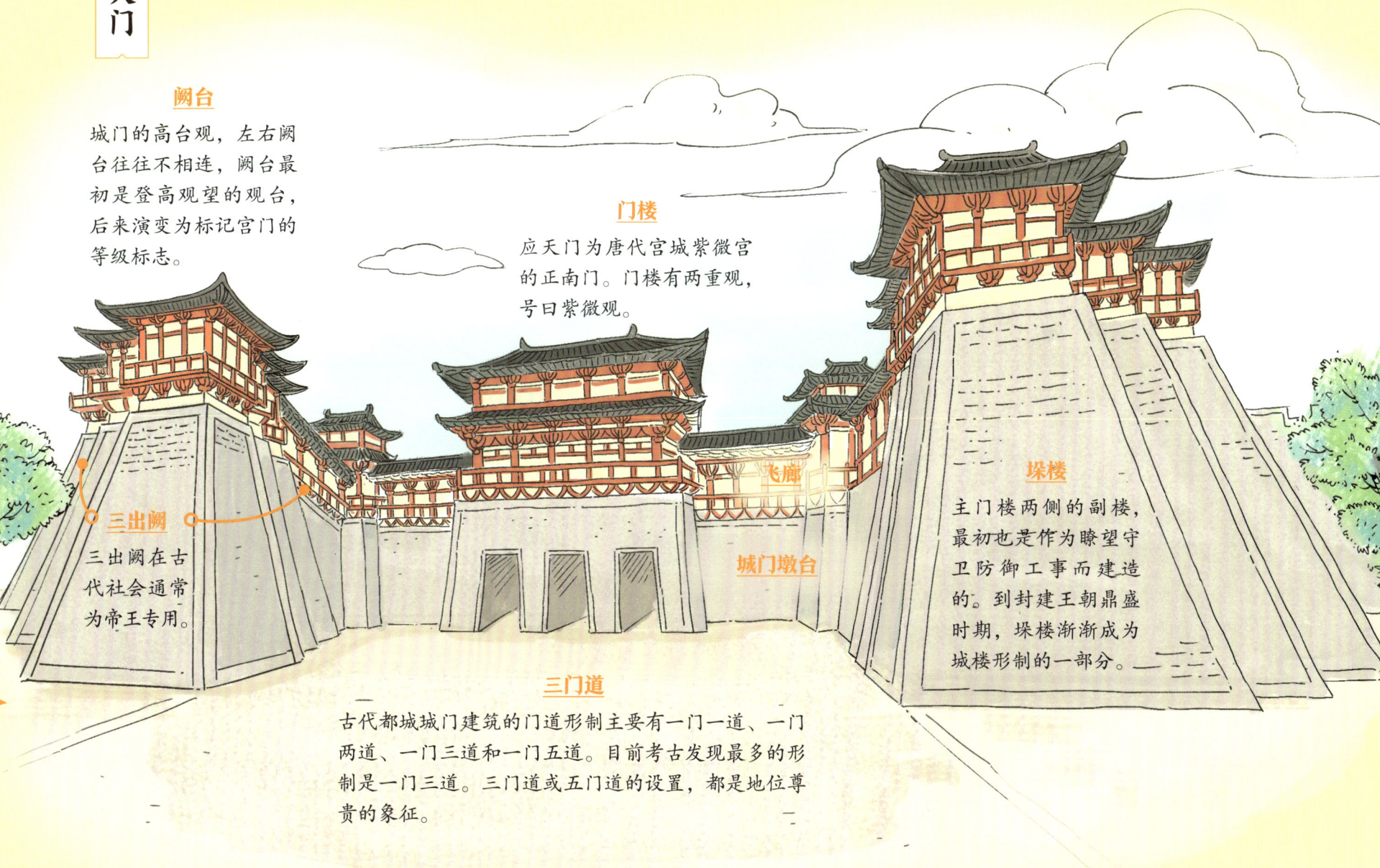

阙台
城门的高台观，左右阙台往往不相连，阙台最初是登高观望的观台，后来演变为标记宫门的等级标志。

门楼
应天门为唐代宫城紫微宫的正南门。门楼有两重观，号曰紫微观。

飞廊

垛楼
主门楼两侧的副楼，最初也是作为瞭望守卫防御工事而建造的。到封建王朝鼎盛时期，垛楼渐渐成为城楼形制的一部分。

三出阙
三出阙在古代社会通常为帝王专用。

城门墩台

三门道
古代都城城门建筑的门道形制主要有一门一道、一门两道、一门三道和一门五道。目前考古发现最多的形制是一门三道。三门道或五门道的设置，都是地位尊贵的象征。

应天门是由门楼、垛楼、东西阙楼及其飞廊组成的"凹"形建筑群，这种格局在战时有利于合围防御。从建筑艺术来看，人处于三面环抱的高大城楼下，会产生一种森严壮美、自觉渺小的感受，这也契合了封建王朝彰显皇权的建筑目的。

游古诗文里的洛阳

老君山

飘飘风袖出山门，回首青山似老君。——［金］于道显

老君山古称"景室山"，位于洛阳栾川县内。相传道家始祖老子归隐于此，所以后来更名为"老君山"，山顶上有金顶道观群，山色仿若仙境。

> 老君山还是当代仙侠剧的热门取景地呢。

龙门香山寺

纱巾草履竹疏衣，晚下香山蹋翠微。——［唐］白居易

香山又称龙门东山，因山上产香葛，总是香气缭绕，所以得名。诗人白居易晚年长期居于香山寺，故自号"香山居士"，在此留下了许多文篇。

齐云塔

风回铁马响云间，一柱高标绝陟攀。
——［清］释如琇

齐云塔在洛阳白马寺外，始建于汉明帝时期，现塔为金代重修，已有八百年历史。塔一共有十三层，到第五层后塔身急剧收拢，外形呈弧线的形状，稳健而优美。

邙山陵墓群

北邙山头少闲土，尽是洛阳人旧墓。
——［唐］王建

古代的邙山是洛阳"寸土寸金"的热门墓地，王侯将相、名流才士都以死后葬于北邙为荣。这里分布着几十个帝王的陵墓，这使得北邙在后世有"东方金字塔"的美誉。

关林庙

今拜关公墓，乍见洛水清。
——［清］周有德

始建于明朝，现位于洛阳市洛龙区关林镇，相传为埋葬三国时蜀将关羽首级之地，是海内外三大关庙之一。

九洲池

其池屈曲，象东海之九洲。 ——［唐］韦述

九洲池始建于隋朝，是洛阳隋唐宫城里的皇家池苑。园林以池水为主，水中分布多个岛屿，岛上有瑶光殿、琉璃亭，风光旖旎。

丽景门

丽景门头初月明，清川灯火两桥横。
——［宋］贺铸

始建于金朝的丽景门是当时洛阳城的西门，它的防御体系是古代城门当中最完整的，包含了城门楼、瓮城、箭楼、城墙、护城河和丽景桥，每一道设计都基于发生攻城战时如何层层防御，层层歼敌。有谚语说："不到丽景门，枉来洛阳城。"

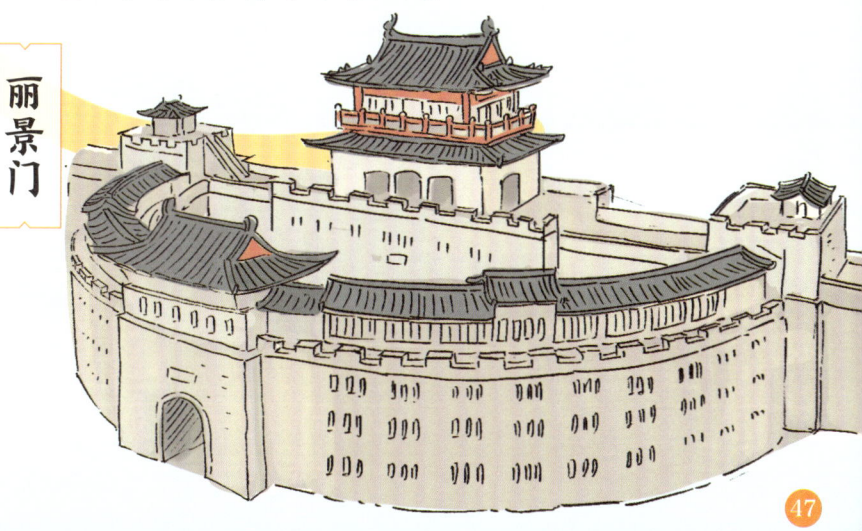

创作团队

段张取艺文化工作室成立于2011年，扎根童书领域多年，致力于用优秀的专业能力和丰富的想象力打造精品图书，已出版300多本少儿图书。主要作品有《逗逗镇的成语故事》《古代人的一天》《西游漫游记》《神仙的一天》《拼音真好玩》《文言文太容易啦》等图书，版权输出至多个国家和地区。其中《皇帝的一天》入选"中国小学生分级阅读书目"（2020年版）、入围2020年深圳读书月"年度十大童书"。

出品人：段颖婷
创意策划：张卓明 段颖婷
项目统筹：王黎
文字编创：王黎 刘姝言
插图绘制：李丹

参考书目

《洛阳通史：隋唐五代卷》，洛阳市地方史志编纂委员会办公室编纂，郭绍林著，社会科学文献出版社

《洛阳史话》，丁其善主编，社会科学文献出版社

《华夏之心：中日文化视域中的洛阳》，黄婕著，社会科学文献出版社

《长安与洛阳：汉唐文学中的帝都气象》，谢昆芩著，上海古籍出版社

《北魏洛阳城市风貌研究：以〈洛阳伽蓝记〉为中心》，金大珍著，中国社会科学出版社

《洛阳伽蓝记》，(北魏)杨衒之撰，韩结根注，山东友谊出版社

《洛阳古都史》，苏健著，博文书社

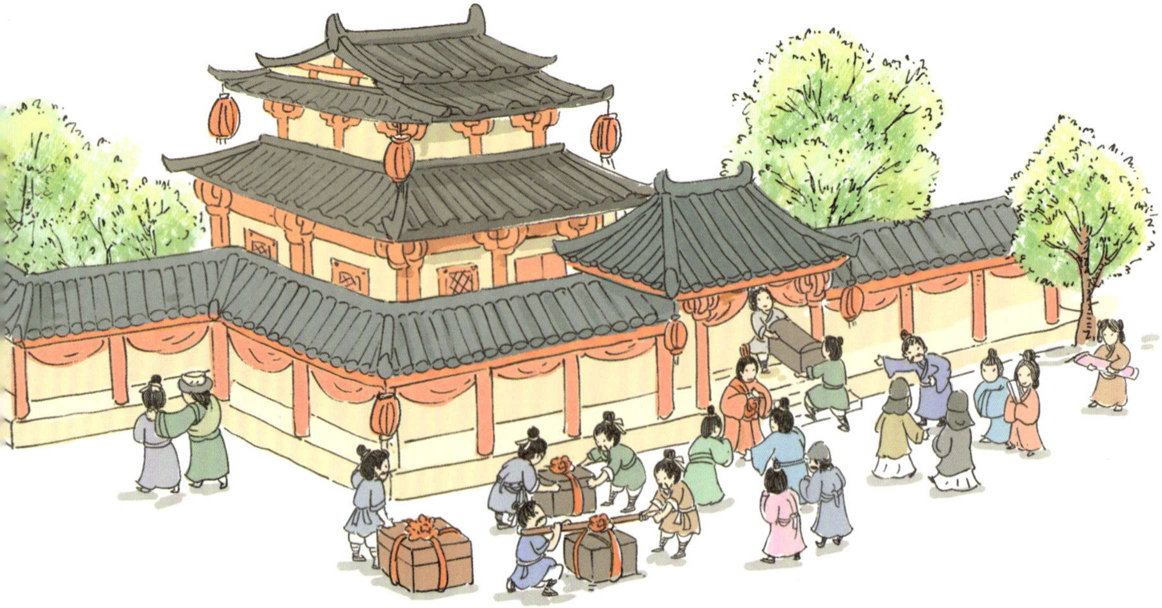